AF391364

VENTE

Du Mardi 29 Mai 1900

HOTEL DROUOT, SALLE Nº 6

à quatre heures

TABLEAUX ANCIENS

COMMISSAIRE-PRISEUR

Mᵉ **Paul CHEVALLIER**

10, rue Grange-Batelière

EXPERTS

MM. FÉRAL Père et Fils

54, faubourg Montmartre

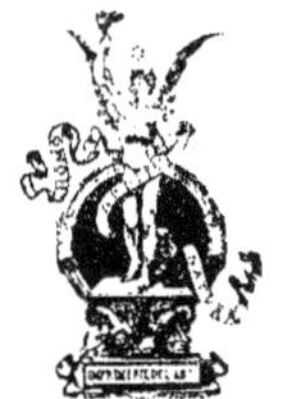

CATALOGUE

DE

TABLEAUX ANCIENS

PAR

PAUL POTTER

BOSSCHAERT, FRANCK, JEAURAT, LAGRENÉE, W. MIERIS
A. VAN OSTADE, RAOUX, REMBRANDT, SCHALL, A. VAN DE VELDE
WYNANTS, ETC., ETC.

DESSUS DE PORTES

Dont la vente aura lieu

HOTEL DROUOT, SALLE N° 6

Le Mardi 29 Mai 1900

A QUATRE HEURES

COMMISSAIRE-PRISEUR	EXPERTS
Mᵉ Paul CHEVALLIER	**MM. FÉRAL père et fils**
10, rue de la Grange-Batelière	54, rue du Faubourg-Montmartre

EXPOSITIONS

PARTICULIÈRE : *Le Lundi 28 Mai 1900, de 1 heure 1/2 à 5 heures 1/2.*
PUBLIQUE : *Le Mardi 29 Mai 1900, de 1 heure 1/2 à 4 heures.*

CONDITIONS DE LA VENTE

Elle sera faite au comptant.

Les acquéreurs payeront cinq pour cent en sus des adjudications.

L'exposition mettant le public à même de se rendre compte de l'état et de la nature des objets, il ne sera admis aucune réclamation une fois l'adjudication prononcée.

Paris. — Imp. de l'Art, E. Moreau et Cⁱᵉ, 41, rue de la Victoire.

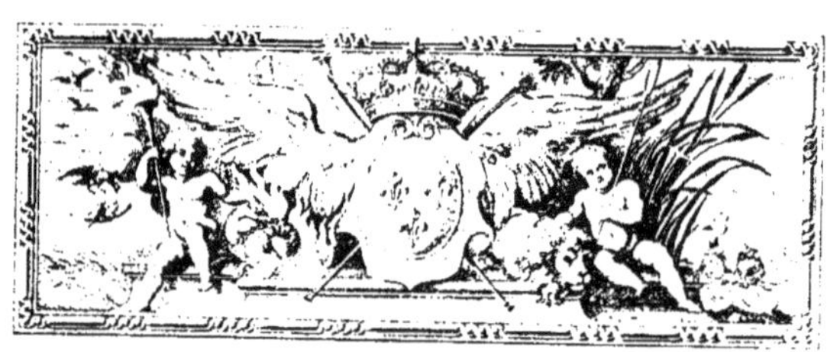

DÉSIGNATION

BOSCHAERT ET VERKOLJE

1 — *Portrait de Femme cueillant des fleurs.*

Représentée, à mi-corps, dans un paysage, une draperie entourant sa taille et voltigeant derrière elle; elle
tient une corbeille et cueille des fleurs ornant un vase de
bronze.

Jolie composition décorative.

Toile. Haut., 1 m. 04 cent.; larg., 1 m. 35 cent.

Collection Piérard, de Valenciennes.

FRANCK LE JEUNE

2 — *Les Filles de Japhté.*

Composition animée de nombreux personnages.
Beau tableau en bon état de conservation.

Bois. Haut., 41 cent.; larg., 63 cent.

HEDA

(W.-K)

3 — *Nature morte.*

Bois. Haut., 28 cent.; larg., 37 cent.

LAGRENÉE

(L.. de

4 — *Bacchus et Ariane.*

Bon dessus de porte.
Signé et daté : 1753.

Toile. Haut., 60 cent.; larg., 1 mètre.

MIERIS

WILLEM VAN

DEUX PENDANTS

5 — *Portrait d'un Jeune Seigneur*

Représenté dans un paysage, debout, vu à mi-corps, accoudé sur un tertre où sont posés son fusil, un lièvre et un faisan, il fait un geste vers la droite où un jeune garçon lui présente une perdrix.

Un chien, à demi-caché sous des feuillages, regarde son maître.

Signé en bas et au centre : *W. Van Mieris, fecit anno 1711.*

Bois. Haut., 25 cent.; large, 18 cent.

6 — *Portrait de Femme.*

Une dame de qualité, richement vêtue et occupée à tresser une guirlande de fleurs, est assise dans un parc et appuyée sur un socle orné d'un bas-relief. A sa droite et légèrement en arrière, un jeune homme, les yeux tournés vers elle, tient une corbeille de fleurs.

Signé en bas à gauche : *W. Van Mieris fecit 1705.*

Tableaux d'une conservation remarquable et d'un fini précieux.

Cadres en bois sculpté.

Bois. Haut., 25 cent.; large, 18 cent.

OSTADE

(ADRIAN VAN)

7 — *Un Chat.*

Monté sur des bottes de paille dans un grenier, il regarde un œuf cassé qui est devant lui.

Délicieux petit panneau, d'une extrême finesse de ton et du faire le plus précieux du maître.

Gravé dans *l'Art*, d'après un dessin de M. Gustave Greux.

Bois. Haut., 14 cent.; larg., 14 cent.

OUDRY

(École de J.-B.)

8 — *Chienne noire et blanche en arrêt sur un rocher et flairant un buisson.*

9 — *Chien en arrêt devant des perdrix cachées dans des blés fleuris de coquelicots.*

10 — *Renard poursuivant des perdrix.*

11 — *Chienne en arrêt sur un faisan près d'un pied de chardon.*

Compositions décoratives à fonds de paysages formant quatre beaux dessus de portes.

Toile. Haut., 1 m. 30 cent; larg., 1 m. 28 cent.

POTTER

(PAULUS)

12 — *Paysage et Animaux.*

Ce tableau est cité dans *Smith*, d'où nous traduisons la description :

« La vue représentée est une prairie montueuse avec un courant d'eau sur le devant, dans lequel est venue boire une vache de couleur roussâtre. A gauche, sur un monticule, un seigneur hollandais et son épouse sont assis sur le gazon et jouissent de la fraîcheur d'une belle soirée d'été ; on suppose que ce sont l'artiste et sa femme. Derrière eux est une vache que, sans doute, une paysanne vient de traire ; elle tient un vase et leur parle en passant ; un peu plus loin, près d'une rangée de grands ormes, une vache broute l'herbe. Du côté opposé, en bas du monticule, on voit deux autres vaches couchées de compagnie, un rayon de soleil partant du ciel partiellement obscurci forme des ombres prolongées au déclin du jour.

« Ce beau tableau, enrichi de trois figures, cinq vaches et un chien, est du meilleur temps du maître et a fait partie de la célèbre collection de Lormier, puis de celle du comte de Radstock. »

(Extrait de l'ancien Catalogue.)

Les œuvres de P. Potter, presque toutes cataloguées, sont des plus rares ; ce peintre dessinait les animaux avec la plus grande perfection et le plus grand amour de la nature.

Au premier plan, on remarque une foule de détails, plantes, oiseaux, papillons, etc., traités de main de maître. L'aspect général est d'une tonalité blonde.

La signature se lit à droite en toutes lettres avec le millésime 1650.

Bois. Haut., 54 cent.; larg., 40 cent.

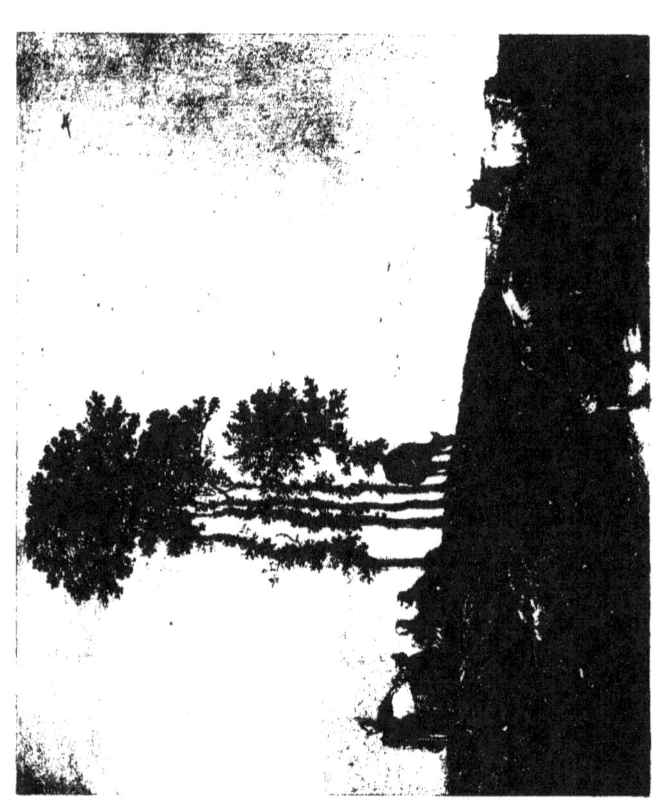

RAOUX

JAN

13 — *Portrait de Jeune Femme.*

Vue jusqu'aux genoux, en toilette décolletée et entourée d'une ample draperie de soie blanche ; elle est accoudée sur une corbeille de fruits et tient un parasol de la main droite.

Cadre en bois sculpté.

Bois. Haut., 84 cent ; larg., 76 cent.

REMBRANDT

VAN RYN

14 — *Portrait d'Homme âgé.*

Représenté, à mi-corps, tourné vers la gauche, la tête inclinée et presque de face, les cheveux et la barbe abondants.

Signé en haut et à gauche.

Daté en haut et à droite : 1633.

Haut., 95 millim.; larg., 65 millim.

SCHALL

(F.)

15 — *L'Indiscret.*

Une jeune femme est étendue sur le lit d'une élégante
chambre Louis XVI. Debout, près du lit, une soubrette
tient d'une main le remède qu'attend sa maîtresse, de
l'autre fait un signe à un jeune homme appuyé sur le
battant d'une porte et dissimulant à peine sa curiosité.

Composition gravée.

Signée et datée 1771.

Cadre en bois sculpté.

Aquarelle gouachée.

VAN LOO

(Attribué à CARLE)

16 — *Les cinq Sens.*

Cinq gracieuses compositions représentant des enfants
sur des nuages ou dans des parcs, les uns jouant, les
autres dans des poses allégoriques.

Jolis dessus de porte d'une tonalité claire et d'un bel
effet décoratif.

Toiles.

Quatre d'entre eux, de forme ovale, mesurent :

Haut., 1 m. 16 cent.; larg., 97 cent.

VELDE

(ADRIEN VAN DE)

17 — *Bergers et leur troupeau dans un paysage.*

Dans un site boisé, des bœufs et des moutons paissent sous la garde d'un pâtre galamment occupé auprès d'une bergère.

Toile. Haut., 45 cent.; larg., 56 cent.

Collection Piérard, de Valenciennes

WYNANTS

(JAN)

18 — *Paysage accidenté.*

Un cavalier, précédé de deux chiens, est conduit par un pêcheur au gué qu'il doit traverser; à droite, un tertre couvert d'arbres auprès desquels paissent des moutons; dans le fond, une perspective étendue bornée par des collines; ciel nuageux.

Signé à droite.

Toile. Haut., 29 cent.; larg., 40 cent.

ÉCOLE FRANÇAISE

19 — *Jeune Femme en buste*.

Les cheveux relevés, bouclés et ornés de fleurs, la poitrine découverte, une écharpe grise sur l'épaule, elle regarde vers la gauche.

20 — *La Conversation dans le parc*.

Trois personnages en élégants costumes de soie, assis ou debout, causant à l'ombre de grands arbres.

21 — *Le Contrat*.

Une dame et un gentilhomme dans un intérieur, discutant devant un homme assis et feuilletant un grand livre posé sur une table.

22 — *La Reprise*.

Un gentilhomme assis sur un fauteuil, la jambe tendue et appuyée sur les genoux d'une dame reprisant son bas.

Jolis dessus de porte.

Toiles. Haut., 71 cent.; larg., 1 m. 40 cent.

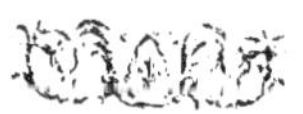